JN438190

세네시오 킬리만자리

세네시오 킬리만자리

Senecio Kilimanjari

고원

구체시

사진© 최명언

1부

히말라야의 숨은 꽃

2부

진흙 도시

3부

이루어진 시

4부

사라진 사람들의 마지막 사진

5부

정의광명 예술세계의 선언

히말라야의 숨은 꽃

1부

생각하지 않는 사람과 말하는 인간

생각하지 않는 사람 :

나는 생각하지 않는다

그럼에도 불구하고 나는 존재한다

말하는 인간 :

중얼거리지만 말고

생각하지 않는 사람 :

틀니를 잃어버려서 그만

말하는 인간 :

내 것이 어딘가 있을 텐데… 오래 오래 써보세요!

ich denke nicht
trotzdem bin ich

Was mümmeln Sie so?
Ich habe mein Gebiss verloren.
Nehmen Sie so lange meins

진짜 뽀뽀

아이를 유치원 현관까지 데려다놓고
이따 네 시 반에 아빠가 올게
뽀뽀
마스크를 쓴 채 입을 내밀자
아이도 입을 내민다
교실로 꺾어 들어갈 때까지
뒷모습을 바라보다가
나도 집으로 간다
몇 걸음 채 내딛지 않아
아이가 뛰쳐 나온다
응?
진짜 뽀뽀할 거야!
마스크를 내리고
아이가 입술을 내민다
마스크를 내리고
나도 입술을 내민다
뽀뽀

혈압을 잰다
2021년 4월 3일 토요일
116에 79
노모를 돌보는 아들의 건강한 수치

코앞에 낫을 놓고도
기역을 읽지 못하는
훨체어 백세 노모
의 느닷없는 질문

어디 아픈 데는 없어?
수도 문자도 이제 읽지 못하지만
일흔 살로 키워놓은 아들에게
삶의 끝 시간에 던지는 질문

2017년 2월 28일 화요일
나는 학교라는 직장을 그만두었다
이후 노모의 마지막 수업을 듣기 시작했다

태어난 곳이 전라도 전주
태어난 자리가 성당 골목

성당 골목에는
오른쪽에 전동 성당이 있다

로마네스크 양식으로
1908년 착공하여 1931년 완성

그곳 골목의 시작점인 경기전에는
조선 태조의 어진을 모시고 있다

건너편 경기전에는 이성계의 몸 그림이 있고
건너편 성당 안에는 예수의 몸, 밀떡이 있다

왕조를 뒤흔들기 시작한 1791년 신해박해의
윤지충과 권상연 복자가 참수되어 순교된 곳

한쪽에는 유교국가의 상징적 영지
그 맞은편에 한국 가톨릭의 성지

성당 골목에서 이윽고 어떤 구체
시적 특이 잡종 씨가 뿌리내리다

문맥 밖
　　박 문맥

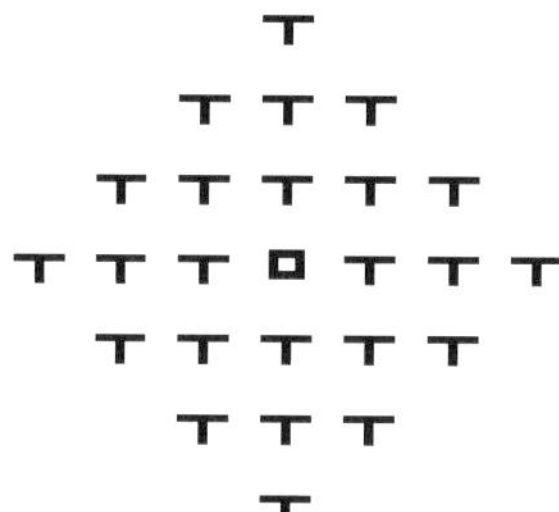

ㅁ ㅜ ㅜ ㅜ ㄹ
ㅁ ㅜ ㅜ ㅜ ㄹ
ㅁ ㅜ 　 ㅜ ㄹ
ㅁ ㅜ ㅜ ㅜ ㄹ
ㅁ ㅜ ㅜ ㅜ ㄹ

전동집 우물

역사는 기어코 시를 이룬다

— 베냐민의 '이루어진 시das Gedichtete'

역 역 역 역 역
역 역 역 역 역
역 역 역 역 역
역 역 역 역 역
역 역 역 역 시

구월 구체시

—우리 네 사람의 백살공주님을 신축년 음력 7월 17일에 멀리 떠나보내고

1일 수 맑음
2일 목 맑음
3일 금 맑음
4일 토 맑음
5일 일 구름
6일 월 맑음
7일 화 백로

8월 2일 음력
마음 맑음

맑음이 말의 끝이다

—시옷대에서 벌어진 어떤 희비극에서 2008년 비극의 어문학과 주인공이 되어

"말의 힘은 자면서 크고"

—횔덜린, 〈빵과 포도주〉

마음은말의극이다
마음은말의근이다
마음은말의귿이다
말　끝
마음은말의글이다
마음은말의금이다
말　끔

마음은 다시 맑음

알라

—2002년 10월 25일 에베레스트 트레킹 마지막 롯지에서

히말라야
오
이
외마디
이곳에도

이
외 마디
오
히 말라야
그 곳에도

오
이

힘
　　알아야

숨
　　거두며
　　　　바야흐로

선한 것의
힘
히 ㅁ
　　알라
　　　　야

하느님의 구체시

—하느님의 나라에 입문 13세
31세 구체시의 문턱에 입문

사랑의힘
알아야힘
힘기르기
하늘큰힘
그힘의님
하느님의
의로운힘
알려야힘
힘알려야
히말라야

햄릿 사다리

—2008년 4월 서울대 인문대 외국어 연극제의 햄릿이 되어
2017년 2월에 퇴장할 때까지

나
살아
사람이
있어과연
무엇이어야
하　　는가
　　　능가
자　　　기
하　　능가
중　　능가
상　　능가
충일充溢능
상　　　상
중　　능가
하　　능답
받　　　아
바　　　다
죽　　는가
사　　는가
용　　　기
문　　제는
그것뿐이다

말로리Mallory의 말로

—2002년 10월 18일부터 30일까지
루쿨라 활주로에서 에베레스트 베이스캠프까지

기억 ㄱ
칼
날 ㄴ
달 ㄷ
ㄹ
ㅁ
밤 ㅂ

사람 산사랑 ㅅ 5160m
아마 다블람 ㅇ
인간 지구력 ㅈ 6856m
말로리의 최후 ㅊ 1924년

쿰부빙하 ㅋ
탕보체 ㅌ

피말라야 ㅍ
히말라야 ㅎ

새가 부르는 숲의 이름

—자르브뤼켄 대학의 숲속 기숙사에서 1982년 9월 3일

숲 ㄱ 겨울
숲 ㄴ 나이
숲 ㄷ 다음
숲 ㄹ 오늘

숲 ㅁ 말벗
숲 ㅂ 바위
숲 ㅅ 새집
숲 ㅇ 왕도

숲 ㅈ 지구
숲 ㅊ 착상
숲 ㅋ 키움

숲 ㅌ 탄성
숲 ㅍ 풍선
숲 ㅎ 하루

오늘 날씨 좋겠다
이가 좋아 이사금 할머니
백세 노모의 아침맞이 인사말이다
살아있는 누구 그 어떤 말보다
실감 가득 울려 퍼지다
죽어도 끝인 세상 너머
소통의 길 비록 끊어졌다 해도
소통의 마지막 신호 아직 작동하다

이가 좋아
이사금 할머니
날씨 좋다
이렇게 백년 숨결
하루 미풍이 불다

한글의 어깨 너머
구체시 어깨 너머

길길길길   낄
길길길   낄낄
길길   낄낄낄
길   낄낄낄낄
강아지호야방귀뿡

고을이노을도을이
백세할머니김남순
9 10 9세 할머니

어깨 너머로
아빠의 문자
보고 배우며

빨주노초파남보
보남파초노주빨
보보바보뽀뽀뽀

숲길, 숨은 길

방랑자의 지친 발걸음을
신들이 주고받는 포옹과 입맞춤의 기쁨으로 이끌고 있다
— 횔덜린, 〈청년의 정신에게 보내는 찬가〉

숨은 길 오세아니아
숨은 길 아프리카
숨은 길 아메리카
숨은 길 아시아
숨은 길 유럽

숨 길 나

비둘기의 구슬픈 눈

— 레스피기의 작품《새》(1927) 가운데 2악장 〈비둘기〉를 위한 구체시

구
구
구
구
구
구
구
구
구
시체

센다이 시민도서관

—2011년 2월 1일 센다이仙台에서

지진이 무너뜨리고
2011년 3월 11일
쓰나미가 덮친 도시에도
자리를 지키며 시민도서관이 버티고 있다
동일본대지진 때 이재민을 위한 쉼터를
지은 이토 도요의 작품 센다이 미디어테크
그곳에서 오스트리아 작가 무질을 연구하고
빈에서는 로베르트 무질의 연극을 보며
난해한 '디오니소스의 열광자들'을
빈 오페라극장에서 공연된 오페라처럼 열광하던
겐지 하라는 쓰나미가 닥치기 전에 이미 죽었다
미디어테크의 장서 속 혼은 남아 아직 살아있다

파키스탄 K2봉 트레킹

—2005년 7월 22일부터 8월 13일까지

카프카의 타
카프카의 파
카프카의 하
카프카의 가
카프카의 나
카프카의 다
카프카의 라
카프카의 마
카프카의 바
카프카의 사
카프카의 아
카프카의 자
카프카의 차
카프카의 카K

인더스강을 거슬러
K2 입구 콩코르디아까지

히말라야거머리백마리

흰소금온몸에뿌려보다
소금을뿌리자물러난다
소금을뿌리자물러난다
소금을뿌리자물러난다
소금을뿌리자물러난다
소금을뿌리자물러난다
소금을뿌리자물러난다
소금을뿌리자물러난다
소금을뿌리자물러난다
거머리물러나다하얗게

떠돌이의 꿈은 돌집이다

—2000년 여름에 투르판을 거쳐 둔황에서

떠 돌 돌 돌 돌
돌 돌 돌 돌 돌
돌 돌 　 돌 돌
돌 돌 돌 돌 돌
돌 돌 돌 돌 떠

살구마을 고향의 식구

—히말라야 K2봉 트레킹 2005년, 아스콜리 출발 7월 29일
아스콜리 도착 8월 9일

ㅁ 살 살 살 살
살 살 살 살 살
살 살 　 살 살
살 살 살 살 살
살 살 살 살 ㅁ

치읓의 꽃밭 야생화 속의 나

— 2005년 8월 6일 파키스탄 히말라야의 오아시스, 우르도까스에서

사진 © 최명언

양귀비 꽃밭의 일벌

—2010년 11월 29일 라파스에서

라파스의 유스호스텔로
낯선 손님을 찾아온 소년
나이는 아홉 살
주일학교 선생 손을 잡고
그가 이 나라의 주인이고
나는 다만 아시아에서 온
중남미 여행객 손님
인디안 혼혈인 소년
볼리비아 주인 소년을 따라
리오 세꼬 비야 윤구요
수도 교외 변두리 마을까지
국교가 가톨릭 구교인 나라
신교의 어린이센터 교실을 찾아가고
삼형제와 엄마 아빠 사는 집도 가고
이름이 아르반 알꼰
연말에 맞이하는 생일에 미리 맞추어
볼리비아 공화국의 주인으로 자라나라
생필품 선물을 주인에게 사서 주고
그가 만든 미술공예 꿀벌을 선물로 받다
드넓은 양귀비 꽃밭에서 날아다니는 일벌

환각 이탈

— 2010년 12월 5일 볼리비아에서 칠레로 넘어가며

유유니 소금호수의
드넓은 평원이며
광대한 화산지대를 가로질러
코카잎을 씹으면서

안데스 고산 고원으로
가로막힌 칠레와의
국경에서 마지막 씹던
코카잎을 뱉아버리다

통행을 통제하는 곳에
금지된 고산용 생필품

구체시의 행복한 자살

—1969년부터 2013년까지 44년 살아왔던 수유리 모과나무의 옛집에서 꿈을 꾸다

목 목 목 목 목　　　**목 목 목 목 목**
목 **숨 숨 숨** 목　　　**목 목** 몸 **목 목**
목 **숨**　　**숨** 목　　　**목** 몸　　몸 **목**
목 **숨 숨 숨** 목　　　**목 목** 몸 **목 목**
목 목 목 목 목　　　**목 목 목 목 목**

금강

— 2021년 10월 9일 부안 청호에 석불산 도서실을 열며

세종에서 바라보는
금강을 따라
공주까지 시야에 담아
용문에서 부안으로

서해바다로 터진 길목
군산에서 마지막 구비
강줄기를 거슬러 보면
강경까지 보일듯

배로 가던 길 자동차로
세월의 다리 위를
서천 비인 갯벌 가까이
탁류 금강의 물길 따라

무녀도와 선유도까지
서쪽 바다 붉은 노을

진흙 도시

2부

문맥 밖의 존재

뒤엉킨 것만이 풀어지며 발전할 수 있다

박 문맥의 현존

아들은 땅으로 보내고

딸은 하늘에 남아있다

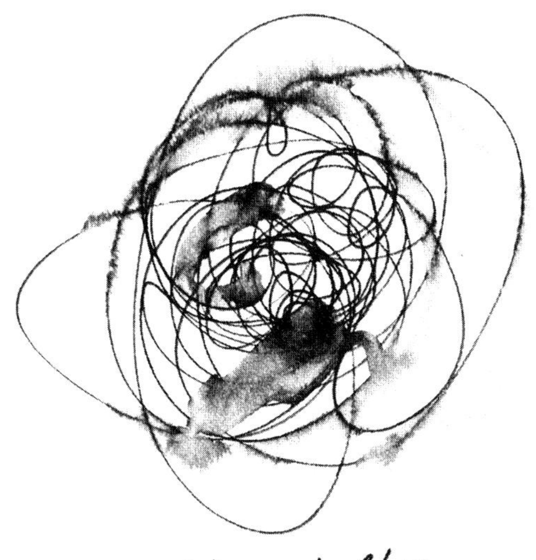

Nur Verwickeltes
kann sich entwickeln

Gott Vater schickte
uns seinen Sohn
Die Tochter behielt
er für sich

지구를 동쪽으로 한 바퀴 돌아

—2000년 1월 12일부터 2월 19일까지

홍콩에서 산호세
보스턴에서 런던
리사본에서 마닐라
지구를 동쪽으로 한 바퀴 돌아
신들이 도주한 곳을 좇아

북해 로포텐 섬이라 할지라도

실크로드

—2001년 7월 27일부터 8월 13일까지

란저우에서 투르판까지
기차로 몇 날 며칠 밤
멀리 갈수록 길은 아득하다
돌아갈 까닭이 딱히 없어
낯선 도시 돈황에 머물다

석굴에서 해골물을 마시니
문득 깨닫지 못할지라도
오래 떠나온 집과 바다에
그리움이며 아쉬움이 없다

몇 날 며칠 석굴암에서
시가 침묵 부처의 말씀

크레타 섬의 해와 신

—2002년 9월 30일부터 10월 7일까지

성부와 성자
토플로우 수도원에 남은
코르나로스의 그림에는
아버지와 아들, 신이 둘이다

동쪽 바닷가의 도시
해가 뜨는 시티아도
하늘에는 해와 신, 둘이다
크레타 섬의 새벽에 신이
저녁에 해가 시티아 너머
크레타 섬의 서쪽 바닷가
해가 지는 하니아
하니아 해가 바닷가 너머
저녁에 신이
하늘에 해가 둘이다

코르나로스의 그림
왼쪽에 해
오른쪽에도 더 원 하나 붉게
토플로우 수도원에 남다

히말라야의 숨이 길이다

—2002년 10월 26일 에베레스트 베이스캠프에서

에
베
레 스트
오른쪽에 눕체
그 왼쪽에 롯체

히말라야의 허리
숨은 길 따라 숨길
숨을 들이쉬며 간다

길게 호흡
내쉬면 숨길
숨은 길 이다

롯체와 눕체를
오른쪽에 놓고
수직 하강하는 능선을 따라

베이스 캠프
삶의
바닥에서도 전율 능긍

나의 숨은 아직 숨은 길 이다

앙코르와트에서 스리나가르까지

—2003년 3월 5일부터 3월 17일까지

남쪽에는 앙코르와트
북쪽에는 스리나가르

남쪽으로 메콩강이 멀리 4500km
북쪽으로 히말라야 드높이 8850m

부처님은 죽어서 돌로 남고
부처님이 살아서 돌이 사람

북쪽 호수에서 거사 배 속에서 살고
남쪽 호수에서 처사 물 위에서 산다

스리나가르에서 콜코타까지

—2003년 3월 18일부터 4월 5일

인도의 파란 도시 조드푸어
인적이 드문 새벽 거리에
개들만 한 떼 또 다른 한 떼 시장 이곳저곳 몰려다니다

진돗개 모시와 고향 야산에서 산책하던 길에
집에서 키우다가 때가 되면 팔아넘기는 옛 주인을 따돌리며 시베리안
허스키 한 마리가 모시와 나를 좇아 야산의 먼 길, 집까지 따라오다

무단 입양된 파란 눈의 암캐 스베냐는 이윽고
새끼를 낳아 제 젖으로 여섯 마리를 먹여 살리다
한 마리만 집에서 어미와 같이 키우기로 하고

스베냐와 호야, 개 두마리를 데리고 떠난 여행길
이제 반년 자란 호야를 어느 날 남의 집에 위탁했다가
밤새 울부짖는 비명소리에 소스라치게 놀라 다음날 데려오다

낳은 정에 기르는 정을 두루 갖춘 스베냐
어미와 주인을 둘 다 기어코 되찾은 호야
하얀 스베냐와 갈색 호야, 모녀와 함께

시베리아 횡단열차

—2007년 7월 5일 울란바토르 출발
7월 15일 옴스크 출발

대륙의 문을 열고 첫발 광대무변
유라시아 강과 산맥을 따라 깊이
말을 몰고 가듯 몽고초원을 지나
바이칼 호수를 돌며 마라톤 하듯
이르쿠츠크로 접시꽃 옴스크까지
소설과 역사의 현장 죽음의 집에
문이 열려 펼쳐지는 신곡의 무대

아프리카의 대서양 해안, 북에서 남으로

—2007년 7월 30일 모로코 도착, 8월 28일 앙골라 출발

배를 타고
대륙에서 대륙으로
유럽에서 아프리카로
스페인의 알게시라스에서
모로코의 탕게르까지

차를 몰고
모리타니의 국경
열풍에 휩싸여
사하하 사막을 건너다
밤에도 광채가 우주에

바오밥나무의
원시림 사이로
콩고와 앙골라까지
뻗어 내려치는 도로
만석의 버스를 타고

세네시오 킬리만자리

—2008년 1월 7일, 마랑구 루트로 우후루 봉우리 5895m까지

"외롭게 서서 멀리 아프리카의 황무지 깊이 바라보았다 (…)
예전에는 더욱 신적이며 훨씬 아름다웠던 자연"
— 횔덜린, 〈방랑하는 사람〉

빛에 근접하며
탄자니아의 메마른 입술
자이언트 그라운드셀은
소나기 내린 열대우림을 떠나고

고산 입수리의 행진이기에
침묵처럼 우뚝
솟구치는 독수리도
세네시오 킬리만자리

적도의 심야
심장이 타오르게
파고드는 별빛 길 5685m
길만 포인트를 지나면

만년설의 빙하에서
살갗이 트고 찢어지며
세네시오 킬리만자리
태양의 자리까지 기꺼이 가다

검붉게 그곳

꽃의 침묵

ㅊ

꽃이 되다

아메리카 대륙

—2010년 11월 3일 로스엔젤레스 도착
2011년 2월 1일 칠레 산티아고 출발

오 늘 인간은 대지를 개척한다
오 늘 인간은 산맥을 갈망한다
오 늘 인간은 대륙을 답사한다
오 늘 인간은 대양을 동경한다
오 늘 인간은 우주를 바라본다
오 늘 인간은 제국을 욕망한다
오 늘 인간은 역사를 서술한다
오 늘 인간은 문자와 씨름한다
헌 책 컨테이너 도서실의 소년
오늘 죽음으로 끝을 맺는 인간
오 늘 죽음을 도외시하는 인간
오 늘 인간은 오늘을 사랑한다
노 을로 불타오르며 침묵 오늘

타지마할

—2003년 3월 29일 1차 방문
2018년 7월 19일 2차 방문

아내가 둘
아내가 셋

이혼하면 영혼 재혼
파혼 이혼하며 삼혼

살아 동물로서 초혼
재혼 삼혼하며 동물

죽어 식물로서 초혼
식물로서 살아 초혼

꽃이 붉다
타지 마라

카파도키아의 살구나무

—터키 괴레메에서 2002년 여름
유라시아 대륙횡단, 독일 뮌헨을 떠나 육로로 인도까지 5861km

살 1
살 2
살 3
살 4
살 5
살 6
살 7
여름　8 나 라

살　　구 나 무
살　　　가 득
살ㅁ　　냄 새

궁미미미미미
미미미미미
미미 미미
미미미미미
미미미미미민

미미미미미國
미미미미미
미미 미미
미미미미미
家미미미미미

고희 마라톤

—2022년 10월 2일 고희(古稀)의 나이에 달리게 되는 런던 마라톤 또는 선조의 몽진

먹고 났으니 현재
먹기 전이니 오늘

동물은 먹을 만큼
식물들은 쉴 만큼

나이를 먹어 현존재
나이껏 달리는 고희

이곳에서 오늘 달리는 이 길이
그곳에서 내일 달리는 그 길이다

* 고희(高曦) 장군은 1592년 4월에 왕을 등에 업고 임진강과 대동강을 건너 의주까지 갔다. 그 공로를 인정받아 부안군 하서면 청호리 석불산 효충사에 영성군의 영정이 보존되어 있다.

그 끝이 없다

—2003년 7월 터키와 이란 국경에서

터키에서
이란으로 간다
검은 옷 차림
우르파를 떠나

역사의 폐허를 돌아
그 손과 발을 씻고
흰 옷 차림으로 코란 독경
흰색 탑신이 눈부시다

우리들 산 자의 주검에
어느 날 비록 그 마지막
한 삽의 흙
마저 미처 덮지 못한다 해도

진흙 도시, 밤

—2003년 7월, 유라시아 대륙횡단 5861km,
이란의 진흙 도시, 밤Bam이 대지진으로 다시 폐허가 되기 직전에

검붉은 구름 아래
땅을 흔들며 지진
검붉게 피를 쏟아
짙게 뭉쳐 진흙이다
태양 아래 진흙주검

문득 소나기가 그치며
여름 무지개 하나
진흙 도시 위에 펼쳐지다

사하라 사막의 블랙홀

—2008년 8월 8일

사막에 바람이 없다
바람이 불어오지 않는 것이 아니라
바람 속에 몸은 이미 나둥그러지며
머리조차 사막에 처박힌 채
네 바퀴만 사막 위로 달리고 있다
헛바퀴로 구르며 맴돌고 있다
불타오르는 노을처럼
사하라 사막이 검붉게 바람 속에 멈추어 섰다
아프리카, 그 열풍의 중심에서

진지
　지
　지
　지
　지구지
　　　지
　　　지
　　　지
　　　지진

서울 구경

—고을이가 치는 피아노 연습곡 동요를 들으며

서울 국경
서울 군경
서울 동물
서울 물량
서울 골목
서울 국부
난민 신청
서울 우울
서울 정부
서울 초청
서울 콜라
서울 탈골
서울 광풍

서울 환영
幻影 서울

통통이

—고을이와 통통이 놀이를 하며

통통
통통통

고통통　　　　통
통통　　통통고
통통　　통통
고통　　고통통
고통통　　통통고
통통　　통통
통　　고통통
고통

아빠의
발등
또 발등

둘이
발등
발등춤

등 위에
바닥
또 발등

아빠와
나
발등춤

파리 1981년

땅에 떨어진 은행 한 톨에서
나무의 싹이 움튼다
천년도 넘게 살 수 있는
은행나무의 첫 시작이다

노랗게 물든
유럽의 가을

부활절의 봄

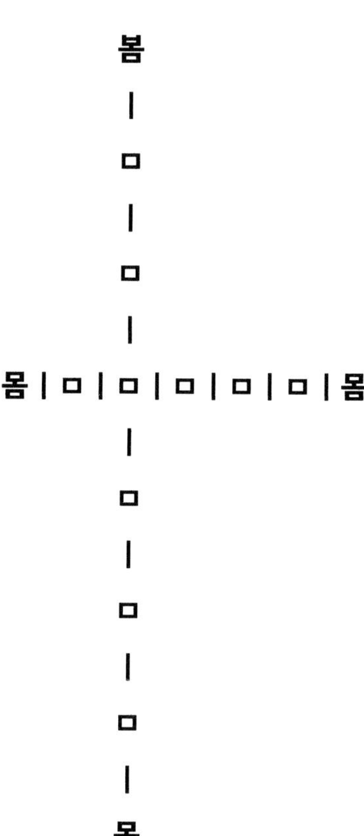

라파 누이, 태평양 이스터 섬의 모아이

—2010년 12월 27일 라파 누이 바닷가 야영장에서

태초 인간의 모습이다
섬도 많은 곳 가장 넓은 바다
아주 멀리 홀로 박혀 있는 섬
라파 누이에는
화산에서 폭발했던
바다 밑 용암이 굳어
심해 고도 바다의 남자가 된다
하늘과 땅이 만나는 곳
라노의 푸른 신을 응시하고 있다
라파 누이의 모아이
대륙의 산티아고 광장에 영웅으로
서있는 동상과는 바탕이 판이하다
바람이 불어도 여럿이
바닷가에 모여 모아이
자연인의 석상으로 존재한다
세르반테스에 세익스피어
괴테 또는 실러가 아니다
돌머리에 돌모자 우뚝
아시아와 아메리카
태평양의 바다 붙박이로 함께

소나기를 맞이하는 소나무의 무소유

—바흐의 〈골드베르크 변주곡〉 BWV.883을 위한 구체시

소   소   소   소   소
나   나   나   나   나
기   기   기   기   기
소   소   소   소   소
나   나   나   나   나
기   무 기 무   기
소   소   소   소   소
나   나   나   나   나
기   기   기   기   기
소   소   소   소   소
나 나   나   나 나
기   무   기   무   기
소   소   소   소   소
나   나   나
기   유   무   유   기

이루어진 시

모국어 안에서만 이루어지는 침묵

하나의 단어 안에서 모든 것을 표현하는 게

개 구체시

Ge-dicht

Sie Schaf!
Wie kommen Sie da drauf?
Sie haben doch einen
Oberlippen

Man kann nur
in der Muttersprache schweigen

Durch die Entscheidung
der Frauen
wird die Eingliederung
der Männer verhindert

Ach, die vielen schönen Frauen
Ich halt's nicht aus!
Ziehen Sie sich ne Augenbinde über
Ach, die Düfte!
Nehmen Sie Schnupftabak
Die süssen Stimmen!
Verstopfen Sie sich die Ohren
Sonst noch was?

Der Hund
drückt alles in einem Wort aus:
Wau!

함부르크 입항

다르게, 그 나라로! 젊은 그들
그리고 깨어나다 대문과 시장의 광장
—횔덜린, 〈독일 시인의 노래〉

진해에서 3년 국민된 의무
를 마치자마자 즉각 떠났다
도쿄에서 환승한 뒤 앵커리지에서
박제된 북극곰을 공항에서 보고
독일까지 하루 1979년 8월 1일
일본 제국주의자들이 망한 군항
해군 통제부를 떠나 착륙한 곳은
자유무역항 함부르크 유럽의 관문
4인조 비틀즈가 1961년
대륙에서 첫 무대를 펼친 교두보

안으로 굳게 잠긴 문을 열며
이제 나도 시작이다

노르웨이 로포텐 섬

—1996년 7월 시칠리아 남단 시라쿠사를 떠나 노르웨이 북단 로포텐 제도까지

태초의 시간이 열린 공간
바다가 호흡을 새로 시작하고
멀리서 바람이 불며 섬
비로소 생명을 얻는 땅

밤이 찾아오지 않는 백야는
신이 인간들과 혼인하며
열린 축제일의 축복식
하늘과 바다에 가득한 빛

멀리 에트나 화산까지
타오르미나의 붉은 햇빛 퍼져갈 때
태고의 정적이 차가운 바다 깊이
끝을 감추며 베스테롤렌까지

남쪽에는 시칠리아
북쪽에는 로포텐섬

유쾌한 사통팔달
뮌헨의 자유! 지
하철역 이름이다

겨울학기에 학생들
이곳으로 몰려오다
뮌헨에서 청춘만끽
공부하며 방학이면

뮌헨의 자유 역을 뒤로
오스트리아 키츠뷔엘로
스위스의 몬트레시나와 자스페
프랑스의 발 토랑 스키 지역도
바로 그 사통팔달 알프스의 공간
성스럽게 자리잡은 신과 천국의 성채

알프스 눈꽃 산맥에서
자유의 숨을 들이쉬다

1992년 1월 14일 맑음
뮌헨의 자유와 작별하다

포도밭이 강을 따라

—1979년 8월 1일부터 1991년 10월 27일까지 독일 유학

속계를 떠나 포도주 신
문자며 언어의 씨를 쉬운 시로 그려 놓고
선한 이웃에게 흩뿌리니
—횔덜린, 〈라인강〉

자르 강변에
낮은 포도밭
모젤 강변에
높은 포도밭

자르 강변에는
자르 브뤼켄대
모젤 강변에는
모젤 트리어대

트리어 시에
맑스의 생가
자르브뤼켄에
방송교향악단

독일과 프랑스 경계 자르강
자르 와인을 마시며 즐기다
맑스의 경제는 트리어대에서
무질의 문학은 자르대학에서

기린 가족

할머니 아빠
엄마와 나
그리고 언니
죽어서 만나기로
영혼이 기린처럼

백세 할머니
그다음에 아빠
그다음에 엄마
그다음에 언니
그러고 나면 나

기다란 목을 기려
기린이 되어
기린 가족으로 만나서
먼저 간 사람이 먼 곳에서 기다리기

호랑이는 죽어서 범의 가죽을 남기고
우리 다섯 명 생명사랑가족으로 남기

아베 마리아

장벽이 무너지던 해 독일 뮌헨
에서 태어난 아이를 안고 초혼
'한국의 집'에서 전통 혼례식
재독화가의 불임수술 이후 이혼
유치원에 다니던 딸과 이별

혼인신고 다음
파혼의 위기
재혼 결혼식은 곧장
파혼 이혼으로 파국

일루 안타에 삼진 아웃 초혼
이루 도루에 삼진 아웃 재혼
삼루 안착에 안타 득점 삼혼

사랑의 배

—〈사랑의 바다를 건너〉, 안규철의 그림을 보고 구체시로 사랑의 배를 그리다

안규철, 〈사랑의 바다를 건너〉, 2021, 종이에 연필, 25×30cm
(사진 : 안천호, 이미지 제공 : 국제갤러리)

오　　o ve 비
엘 오베 l o ve 비극이다 사랑은
오배　o ve 사랑의 백팔번뇌
엘 오베 l o ve 오열이기도 하다
오베　o ve 죽음이기도 하다

오! 베　　o weh
오! 배　　o ve　배 사랑
사랑의 배

너는 사랑　L　o love
오! 삶이다　L　o life

고통일지라도　　o weh
죽음일지라도　la mort

아모르 파티　amor fati, vati!
사랑하라
오배　　ove
아배　　ave
사랑의　배　maria

* o weh! : 독일어 발음은 '오 베!', 뜻은 고통스럽다!
la mort : 프랑스어 발음은 '라 모르', 뜻은 죽음
amor fati : 라틴어 발음은 '아모르 파티', 뜻은 운명을 사랑하라
vati : 발음은 '파티', 뜻은 아빠

뉴악쇼트의 아침 바다

— 모리타니아 수도 뉴악쇼트에서 2007년 9월 늦여름

뉴악쇼트의 고깃배에 실려
사하라에서 불어오는 바람이
해안 모래밭을 떠나
아프리카 바다 대서양으로
물고기 가득
배와 어부들 파랗게
아침 햇살 가르며 둥실

콩고 버스

—2007년 8월 24일 수도 킨샤사를 떠나며

윗 나라는 콩고 인민공화국 수도는 브라자빌
이 나라는 개명해서 이름이 자이레 수도는 킨샤사
옛 이름은 콩고 민주공화국
수도에서 국경도시 마타디까지
자 이래를 버스로 관통
자 이래 시민들과 버스로 같이
모든 노동자들이여 함께 연대라지만
통로에도 사람이 앉아 있으니
폐쇄공포증, 사실 흑인들이 좀 두렵다
잠시 쉬는 경유지에서도 창문으로 들락날락
혹시라도 이곳에서 죽을까봐 두렵기도 하다
자 이렇다 이래 자이래
옛 이름이 콩고 민주공화국
윗 나라는 콩고 인민공화국
무사히 국경에 도착
미지의 큰 땅 앙골라 국경
옛 이름이 콩고 민주공화국
자 이래 이렇다 이랬습니다

앙골라 벽지 마을을 관통하는 길

—2007년 8월 25일

주마간산
뒷칸이 열린 지프를 타고
국경에서 500km 루안다까지
벽지 마을과 자연 마을이
듬성듬성 같은 모습으로
앞에서 나타났다가

주마간촌 사라지면서
그 사이에 손을 흔든다
흙먼지 아랑곳하지 않고
인적 드문 자연의 어린아이들
아프리카 대륙의 북쪽 끝
탕게르에서 연금술사처럼 시작한 길

그렇다면 이 길이 참으로 성스러운가?
그 눈빛 놀라운 시선이 되어
앙골라의 대도시 루안다에서 끝을 맺다
손을 흔들며 맞이하고
순간 놀라운 시선
손을 맞잡아 내보내다

자작나무 숲

—2007년 7월 5일 울란바토르, 7월 16일 알마티

중앙아시아 아주 멀리
카자흐스탄의 알마티
맑은 도시를 무지개로 삼아
울란바토르를 떠나다
몽고 초원의 게르와 유목민을 뒤로

대륙 횡단열차에서 내리다
이르크추크며 옴스크
바이칼 호수에서 차갑게 젖은 몸이
온천 노천탕에서 한껏 따뜻해질 때
길 따라 자작나무 숲

시베리아 횡단열차가 달리며
자작나무 펼쳐지다 드높이
옴스크의 접시꽃처럼 환호하며
철마 앞에서 검게 어두운 숲
멀리 알마티 하얗게 수놓아가며

눈으로 먹는 어록의 구체시

—2015년 12월생 유아의 어록

아빠, 고을이가 잡아줄게 2017년 12월 30일

아침에 이불을 개고 있는데 와서 잡아주며

고을이 어린이집 가요!

[짐이 많네. 신났네] 승강기 안에서 이웃 아주머니

신나는 반이에요 2018년 3월 9일

내가 조금 도와줄게

아빠 잠깐만! 이거 버리고

이거 가지고 가면 안 될까? 3월 27일

요리선생님 할게. 아빠는 안 돼

됐다. 이제 먹자. 수제비 먹자

[고을이 훌륭한 요리 선생님이네]

고맙습니다. 내가 반찬해서 줄게

이거 김밥이야. 내가 먹여줄게. 김수제비 4월 16일

아빠, 어록 먹는 거야?

[먹는 것이 아니고, 보는 거야]

눈으로 먹는 거야 4월 24일

페루 나스카의 구체시

—나스카의 기하학적 유적을 내려다보며, 2010년 겨울

무
무 어 무
무 어 　 어 무
무 　 　 어 　 　 무
무 어 　 　 　 　 어 무
무 어 　 　 　 　 　 어 무

문 어 　 싱 싱 　 어 문
문 　 　 신 신 　 　 문
어 부 　 　 　 　 부 어

가 가
신 　 　 신
無 語 　 撫 御
문 자 神 家 　 人 家 언 어
신 가 　 인 가
무 어

말이 글을 따르다

말을 말처럼 하다보니
큰 앞니 들이밀며 히힝거리고
뒷발질에 넘어진 사람
앞발로 밟기도 하여
이제 말 대신에 삼가
글을 쓰기로 마음을 잡다

침묵을 일삼는 말
묵언을 업으로 알아
그를 주인으로 모시며
글을 따르다
글을 말이 따르다

사진© 서미라

고원

구체시

파르테논의 도서관

파르테논 신전이 독일에 세워져 있다
카셀 도쿠멘타 전시장 넓은 광장에
온갖 금서목록의 책들로 기둥이 세워진 신전
바티칸의 종교적 금서목록이며 나치의 정치적 금서

전시가 끝나는 날이면 신전도 해체되고 만다
독일제국이 전쟁으로 멸망하는 날
신전 속의 관객은 무너진 베를린 벙커 속 군인
폐허 속의 시민은 금서금고를 약탈할 수도 있다

무너진 역사의 폐허에서 문화재를 발굴하듯이
장사진을 이루며 기다리는 21세기 미술품 관객
기다리면 누구나 책 한 권은 받을 수 있다
기다리며 내가 받은 책이 《악마의 시》 한 권

적극적 관객이던 나는 어느새 정치범이자 약탈범이 되고
무너진 파르테논 신전의 폐허에서 책 한 권 받아 죗값을 갚다

2017년 9월 17일, 카셀 도쿠멘타 14 큰 마당에서

2022 © 고원 Won Koh

카셀 도쿠멘타 14

—2017년 9월 17일, 베를린 마라톤에서 뛰기 일주일 전

파르테논 신전이 독일에 세워져 있다
카셀 도쿠멘타 전시장 넓은 광장에
온갖 금서목록의 책들로 기둥이 세워진 신전
바티칸의 종교적 금서목록이며 나치의 정치적 금서

전시가 끝나는 날이면 신전도 해체되고 만다
독일제국이 전쟁으로 멸망하는 날
신전 속의 관객은 무너진 베를린 벙커 속 군인
폐허 속의 시민은 금서금고를 약탈할 수도 있다

무너진 역사의 폐허에서 문화재를 발굴하듯이
장사진을 이루며 기다리는 21세기 미술품 관객
기다리면 누구나 책 한 권은 받을 수 있다
기다리며 내가 받은 책이 《악마의 시》 한 권

적극적 관객이던 나는 어느새 정치범이자 약탈범이 되고
무너진 파르테논 신전의 폐허에서 책 한 권 받아 죗값을 갚다

독일 녹색당의 초록색 복음

—1979년 독일 유학 진입 직후 막 태동했던 녹색당의 21세기를 위한 구체시

초록록록록
**   초록록록   록**
**   복복복   음악**
**   초록록록   록**
초록록록록

지구 답사 44년

침묵하는 태양 아래 숲의 사원에 빛을 뿜으며 서있는 나무들
—횔덜린, 〈마치 축제일에〉

감나무를 사사하다
마로니에를 사사하다
너도밤나무를 사사하다
백일홍나무를 사사하다
동백나무를 사사하다
측백나무를 사사하다
대추나무를 사사하다
모과나무를 사사하다
회화나무를 사사하다
소나무를 사사하다
참나무를 사사하다
불두화를 사사하다
튤립나무를 사사하다
바오밥나무를 사사하다
아로니아를 사사하다
은행나무를 사사하다
느티나무를 사사하다
석류나무를 사사하다
사과나무를 사사하다

살구꽃 그늘

—2005년 7월 27일과 8월 9일 파키스탄의 히말라야 마을 아스콜리에서

우리 서로 다른 얼굴
아득한 길 따라 간다

가다 쉬며
무거운 짐
너는 메고
나는 걷고

물길 따라 몸을 풀고
원주민과 이방인
같은 길을 가고 온다

살구꽃 핀 그늘 아래
삶의 기쁨 되찾는 곳

살모사가 리을을 사사하다

모 사 사 사 사
사 사 사 사 사
사 사 ㄹ 사 사
사 사 사 사 사
사 사 사 사 모

꼬부랑 할머니

—99세 할머니에게 일곱 살 손녀가

꼬부랑 할머니가 안방 피아노 뒤에
꼬부랑 할머니를 거실 피아노 앞에

꼬부랑 누워있는 할매 앞에
피아노곡 꼬부랑 할머니를

꼬부랑 할머니 치매 할머니
듣지 못하고 말도 못하지만

손녀아이 소리 한번 들어보려고
꼬부랑 허리 꼬부꼬불 움직이네

할멈과 할아범

—쇼스타코비치의 현악사중주 11번을 위한 구체시

외할머니의 가족사진

—1938년에 찍힌 흑백사진 한 장을 2021년에 찍은 영정사진 옆에 놓고

병풍 앞 앞줄에 여덟 분
병풍 앞 뒷줄에 여덟 분
아홉폭 동양화 병풍 앞에
가르마 머리가 열다섯 분
계집아이 한 사람
한가운데 외할머니
앞줄에 앉아있는 고모할머니는 과부
저고리만 흰색 차림에 치마는 짙은 색
그 옆 사람은 흰 치마에 짙은 저고리 차림

팔십삼 년 전 흑백사진에 찍힌
내가 아는 이모의 얼굴이 둘
시집간 큰이모는 흰 저고리 차림
막내 이모와 어머니는 아직
짙은 저고리 옷을 입고 뒷줄에
아홉 폭 병풍 그림으로 서있다

뒷줄에 서 있는
흰 저고리 차림 세 분
그 치마 색이 무엇인지
앞 사람들에 가려 알 수는 없어도
외할머니 좌우로 같이 앉은 일곱 분

가지런히 두 손 무릎 위에 놓고있다

아홉 분의 흰 저고리에
일곱 분의 짙은 저고리

구리 개 구리 구체시

구리
구리
개
구리

우리
구리
개
구리

구리
구리
고
구리

우리
구리
고
구려

고려
구려
고
구리

우리
개
구리

진지한 친구 구체시

진 구 ㅏ
진 구 ㅑ
진 구 ㅓ
진 구 ㅕ
진 구 ㅗ
진 구 ㅛ
진 구 ㅜ
진 구 ㅠ
진 구 ㅡ

친 구 ㅣ

알프스 교향곡

— 마터호른 회른리 산장 1993년 7월 28일

산양치즈의 코끝 향기가 주스텐 고개
너머 슈타인 빙하 앞에서 멈추는 산맥
낮에는 폴룩스 봉우리 쪽으로 움직이며

에덴의 동산 가까이 '제1곡 밤'에서 시작하여
합리적 언어들의 음악 '제22곡 밤'으로 끝이 나는
리하르트 스트라우스의 교향곡 알프스를 듣다

밤에는 체르마트 도시의 입구 야영장에서 자다
밤에 엄습한 식중독 위독 환자를 산양치즈가 겨우
살려내다
생사의 틈새인 바르도, 별빛 가득 하늘이 내려다보다

거대한 암벽 바로 밑 회른리 산장에서 하룻밤 묵으며
카스토르 밤별이 오늘 나의 운명
마터호른 정상으로 가는 암벽타기를 꿈에 그리다

인수봉 바위 틈과 사이에서 버티며 살아남은
취나드 a길의 잎 푸른 소나무 모나드처럼
쌍둥이좌의 알파 별 카스토르처럼 성스럽게

4부

사라진 사람들의 마지막 사진

침묵의 칼과 사막의 무덤

관절염이 그의 지병이었다

알폰소 휘피(Alfonso Hüppi, 1935~)의 2005년 작품집
《그게 좋을 텐데, 이미 그랬어요*Schön wär's Schon war's*》에서
그림 여덟 점을 뽑아 고원이 네 점의 그림으로 모아서 재구성

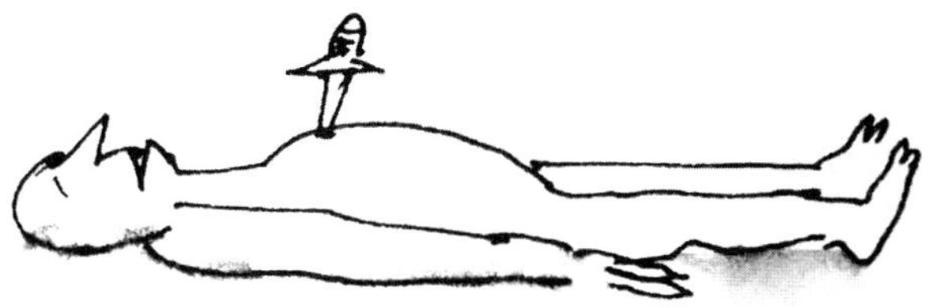

Fiel Feind
Viel Ehr

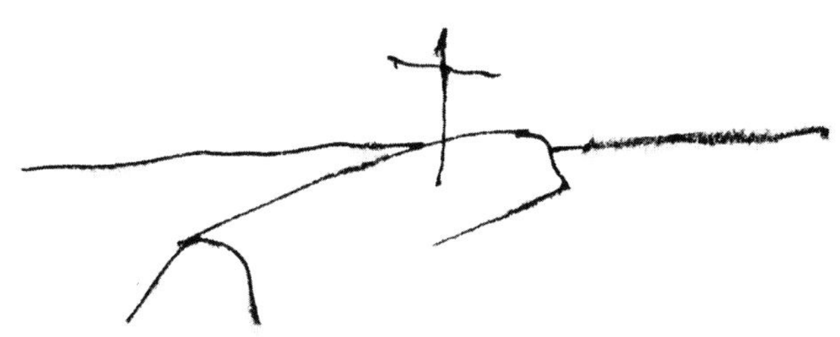

Ich möchte in der Wüste
begraben werden

Warum nicht hier?
Ich leide an Rheuma

참된 구체시의 숨은 표현력

그는 참아야 한다, 그 전에. 그러나 이제 가장 사랑스러운 것
그 이름을 그가 말하고 있다.
이제 바로 이 순간 마치 꽃들처럼 말이
그 자리에서 생겨야 한다
—횔덜린, 〈빵과 포도주〉

다 참 참 참 참
참 참 참 참 참
참 참 　 참 참
참 참 참 참 참
참 참 참 참 다

다 숨 숨 숨 숨
숨 숨 숨 숨 숨
숨 숨 　 숨 숨
숨 숨 숨 숨 숨
숨 숨 숨 숨 다

청호 앵두

가만
열린
열매
여름
담아
앵두
접시
붉게
가득
물든
향기

로미오와 줄리엣

욕망의 사랑은 금지
사랑의 욕망은 옥엽

사랑의 금지도 옥엽
금지의 사랑도 옥엽

나는 우포의 시계
우주의 시계지만 시간은
지구의 시간에 맞추어놓고
지구에 사는 남자지만 나
우주의 말씀을 듣고 산다
우주와 지구 사이에서
미확인 비행물체
우포ufo의 시계
오른쪽으로 한번
지구의 시간이다
그 시계추처럼 살고있다
우주의 시간이면
왼쪽으로 한번

와 와 와 와 와
와 와 와 와 가
와 와 　 가 가
왔 가 가 가 가
가 가 가 가 갔

왔다 갔다
우포 구체시

지구의 코로나 미래

1982년 작품 블레이드 러너는
2019년 미래의 지구가 무대
수명 4년짜리로 제작된 복제인간들이
나의 삶을 쟁취하고자 투쟁하고 있다
35년 뒤 2017년 작품 블레이드 러너 2049에서
주인공이 주목한 2021년 6월 10일은 지나간 미래

1951년 태어난 고원은 1982년에
독일 자르브뤼켄에서 그 영화를 보고
4년 뒤 《시인》으로 작품 활동 시작
나의 삶을 내세우며 구체시를 쓰고 있다
35년 뒤 2021년 6월 17일은 코로나 백신의 오늘
주인공 K가 주목한 그 6월 10일은 지나간 코로나 미래

지하의 화가

—가장 길게 낮과 빛의 세계에 하루 머물고 다음 날 지하로 떠난 화가 차동하 선생에게

녹음이 울창한 여름
화가의 정원에는
하얗게 핀 봉오리 연꽃
뿌옇게 연못이 둘

화실 하늘 깨진 창문 앞에
차키 꽂힌
모아베 한 대
덩그라니 검게 어두운 정원

수종사 가는 길목
소나무 그늘 아래
무심한 잡초 사이
인적이 끊긴 하지

지하의 화가
동하의 동화

수취인 불명 주소

시인의 주소는 바다가 아니다
나는 바다의 섬이 좋다
시인의 주소는 하늘이 아니다
나는 하늘의 노을이 좋다
시인의 주소는 언어가 아니다
나는 한글 구체시가 좋다

시인의 그곳은 산이 아니다
그리고 나는 늘 그곳으로 간다

양수 근원

양수 출산
양수 능곡에 다산
양수 다산인즉 서울
서울에 산 지 오십 년
떠나고 보니 제월광풍

태어날 때
양수가 미리 터지니
언덕 원이 근원 원으로
미리 터진 양수라서
이름 한자에 삼수변이 들어서다

양수리에 살며
양수 근원이니 아흔 넘어
가족과 같이 사는 노모
수유리에서 얻은 늦둥이는
물 수에 나무 목 성큼 자라 좋다

백운봉

상원사로 가는 산길
백운봉으로 갈라지며
흐르는 물이 맑아
하얀 구름 거느리다

계곡물 바위 따라
연수천 아홉 구비
곰산과 갈월산 사이에서
용 구름처럼 흘러가다

용문산의 불꽃 능선
솟구치니 가섭 봉우리
백운봉에 잠시 멈추어
가을 산꽃 피고 지다

살다 죽다

다 살 살 살 살
살 살 살 살 살
살 살 　 살 살
살 살 살 살 살
살 살 살 살 다

구체시의 무덤

좁게 둘러싸여 집에 오래 살고 보니
이미 뼈의 해골 느긋하게 수면상태
— 횔덜린, 〈자유의 찬가〉

(덤)　**([무])**　(덤)

삶의 문턱

노모는 이제 걷지 못한다
문턱이 없어서
구르는 휠체어 바퀴
바퀴를 굴리면 굴릴수록
머리는 돌처럼 굳어진다
입을 더 벌릴 수 없게 되면
턱을 더 가눌 수 없게 되면
그만 머리는 굴러 떨어진다
그만 문턱은 닳아 없어진다
굳어 문턱은 없다

이것이 다

무엇 이것 무엇
무엇 이것 무엇
무엇 이것 무엇

이것

ㅅㅅ
이 다
ㅅ

무위

그만
놓고
가만
좌선
그만

그만
두고
나만
사랑
그만

문맥
밖의
사랑
가득
다만

그만
풀어
다만
자유
그만

문맥
밖의
자유
다만
가득

아주 멀리 마사이족의 시선으로

> 아! 그리고 구름 한 점 없는 먼 곳 그곳에서
> 자유의 성스러운 목표가 내게 눈짓을 보내도다!
> 그곳에서 너희들과 함께, 하늘의 찬란한 별들이여
>
> —횔덜린, 〈자유의 찬가〉

크기가 머리통만 하고
초원에서 풀을 뜯는
가축들을 지켜보며
엉덩이 하나 걸쳐놓기 좋은 의자

통나무를 깎아
파고 쑤셔내어 세 개
작은 다리를 나무판 밑에
그곳 아이 팔뚝만 하게

달랑 매달아 놓고
여름 장마비 가득 흘러내리는
용문 연수천 풀밭에 앉아
잠시 엉덩이를 그 위에 올려놓다

석양 곰산을 바라보며
탄자니아 응고롱고로
대평원에서 풀을 뜯는
짐승들을 문득 아주 멀리 지켜보다

서낭나무

고려인의 느티나무 강산 마을마다 서낭
인도의 북쪽 고원 라닥의 알치사원에도
네팔의 에베레스트 길목 탕보체 뜰에도
석판에 새긴 불경이며 서낭나무는 있다

천년은행 용문산
흑천을 건너뛰며
지평에 아담하게
성황봉 서낭나무

봉미산 쪽 확 트인 길 동남서북 청적백흑
오방장군 터를 잡아 사방팔방 복을 내려
산길 걷고 숲길 뛰며 자연의 힘 발복하니
탕보체며 남체마을의 밝은 기맥 뚜렷하다

용문 곰산

백운봉이 가섭으로 뻗친 능선
곰산 뒤로 펼쳐지며 커다랗게

구름 바다
깊은 곳에
푸른 하늘

뭉게구름 멈춰 서니
용문산의 천년수문장
곰산 숲에 그늘 되어

숲속 성당 구리 첨탑
누리 밝게 빛을 뿜고

문방사우

흑천가 화전리에는
연꽃에 양귀비꽃밭
금계국과 실비아로
화전꽃밭 가득하다

한글공부 익히는 아이
붓과 종이도 펼쳐있어
먹이며 벼루의 향기는
귀먹은 인형 코끝까지

인무원려 난성대업인즉
꿈을 꾸는 아이의 손은
흑백 건반 위에서 놀고
마당에는 개가 네 마리

문방 사우는 별호가 심원 선친의 유품
검은 문자에 대나무 획 화선지에 가득
늙은 주인은 가고 없어도 아이가 그린
한자와 그림 또 오선지도 마루에 함께

아이들의 입이 삶의 잎이다

—1970년 11월 9일자《라이프*life* / 삶》의 표지 인물 무하메드 알리의 사진을
2007년 6월 8일~7월 25일 아르코미술관 주제기획전《재활용 주식회사》에서
구체시 작품 〈이프*if* / 잎〉의 인물로 재구성하다

하 나
둘
셋

하 나/아인스
둘/츠바이
셋/드라이

아이 ㄴㅅ ei ns
집 아이 zw ei
들 아이 dr ei

어떤 달걀ei 1입니다 ein ei eins
어떤 달걀ei 2입니다 ein ei zwei
어떤 달걀ei 3입니다 ein ei drei

이히/나 나는 알 일 이 다
두 /너 너는 알 이 다
에어/그 그가 알 리 다

구체시아이는알입니다
알리권투선수알립니다

하늘 또는 나의 별자리

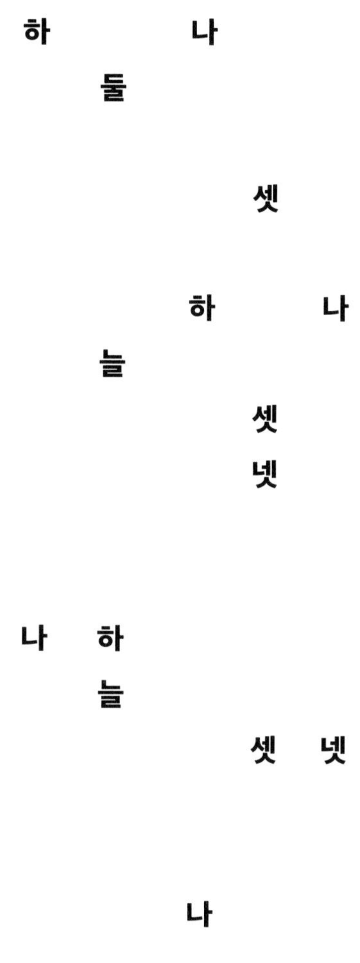

사라진 사람들의 마지막 사진

—브루크너의 교향곡 6번을 위한 구체시

사
　라　ㅇ
　　진
사　진나
사라진
사　진
사라진나
사라진
사라　ㅁ
살아
　　　나
살　　다
살아　나
　　　다
살아　나
사　진
사라　나
사라진
사라
사　　ㄹ
사ㄹ　들
사　진

혼병

살아 병에 정신을 담으면 정신병이며
죽어 병에 영혼이 담기면 혼병이기에

죽어도 남는 영혼은 혼병 속에서
영혼이 사라진다면 혼병은 빈 병

홀로 남은 나의 혼병은 다시 결혼병 하나

명암의 명함

암 명 명 명 명
명 명 명 명 명
명 명 靈 명 명
명 명 명 명 명
명 명 명 명 암

삶의 마지막 후식

휴 식 식 식 식
식 식 식 식 식
식 식   식 식
식 식 식 식 식
식 식 식 식 휴

스스　　　　　　로 최
스스　　　　　로 고
스스　　　　로 한
스스　　　로 국
스스　　로 인
스스　로 김
스스로　구

정의광명 예술세계의 선언

5부

삶의

잎

1970년 11월 9일자 미국 시사주간지 《라이프*life* / 삶》의 표지 인물 무하메드 알리를 2007년 6월 8일~7월 25일 한국문화예술위원회Arco의 아르코미술관 주제기획전 《재활용 주식회사RE-CYCLING Inc.》에서 구체시 작품 <이프*if* / 잎>의 인물로 재구성하다. (책의 뒷면 표지화를 보시오)
왼쪽 작품은 모두 24점의 <이프*if* / 잎>들 한가운데 자리 잡은 고원의 한글구체시 <시의 나무>(2004)

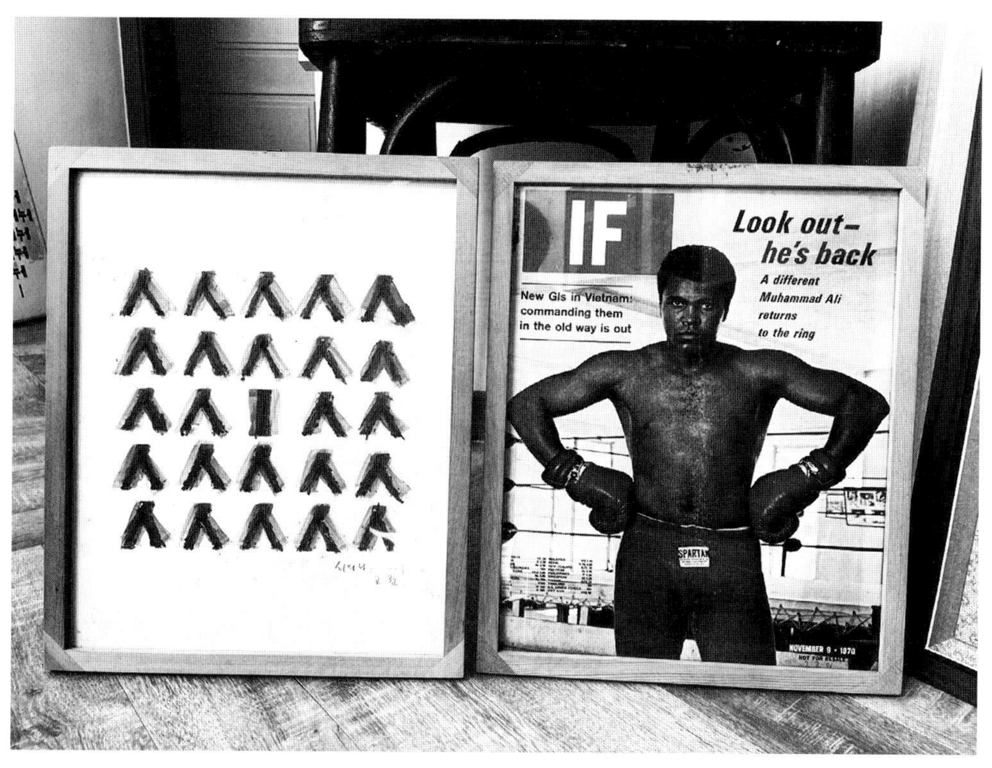
IF
Look out–
he's back
A different
Muhammad Ali
returns
to the ring
New GIs in Vietnam:
commanding them
in the old way is out
SPARTAN
NOVEMBER 9 • 1970

영원
영화
영
영
영
영토
영
락

신문에 나오는
정치가의 사진
구문 속 묵은
정치가들이 되다
구문 속 사진을
비누받침으로 활용

사진의 얼굴을
하루에 몇 번씩
얼굴이 닳도록
비누 거품으로
더 씻겨주나니

멈추자
너덜 너 덜할 때

잃은 살

흰 백 백살 노모가
이 땅을 떠나며
죽은 몸이
아직 따뜻할 때
갈비뼈가 앙상한 노목
나무껍질을 쓰다듬다

귀에 대고 소리 높여
감사합니다
사랑합니다
수액이 마른 열매꼭지
입술 끝에 대롱대롱
거친 숨 몰아 쉬며 끝까지
따듯한 가슴이 반응한다

일흔 살에 느끼는
잃은 살의 그리움

시는 아편이 아니다

시는 어차피 시다
슬픈 구체시

삶이 어차피 시다
어둠 속 차안의 피

구체시의 주검
그래도 나는 시다

어차피
어느 차가운 피안에서

아버지의 편지

오래 남은 선물이다
한지에 쓴 생일 편지

선친이 떠난 자리에서
자라고 있는 딸이 답신

화선지에 굵게
붓으로 쓴 편지

오래 된 사랑에
아주 늦은 회신

아빠 사랑해
아 감사합니다

오래된 병풍

병풍 하나 서 있다
병풍 하나 더 있다

여덟 폭 동양화 병풍
강암 선생의 대 그림

소나무며 여덟 폭
매화 짙게 채색화

육십 년 풍상에 겉돌다 스며든 숨결
대나무 바람 따라 모이며 흩어지다

노란 꽃으로 국화
붉은 꽃으로 모란

태 정 태 세 문
인 효 현 숙 단
광 헌 ㅊㄱㅅ 경 세
선 순 정 영 예
명 인 중 연 성

백일홍

이웃집
아가씨
백일호
아카시

백일동
아파트
헤이트
백안시

이방인
아가씨
아카시

이웃집
메아리
백일홍

정의광명 예술세계의 선언

기리고 알리며 그 참된 힘 온 누리에 펼쳐지리니

—횔덜린, 〈빵과 포도주〉

<table>
<tr><td>태</td><td>정</td><td>태</td><td>세</td><td>문</td><td></td></tr>
<tr><td>인</td><td>의</td><td></td><td>계</td><td>단</td><td></td></tr>
<tr><td>광</td><td>명</td><td></td><td></td><td>세</td><td></td></tr>
<tr><td>선</td><td>언</td><td></td><td></td><td>예</td><td>술</td></tr>
<tr><td>명</td><td>인</td><td>중</td><td>연</td><td>성</td><td></td></tr>
</table>

지구 작별

양평에서 왕복 마라톤
평양까지 196km
평양에서 냉면 먹고
양평으로 금의환향

지구에서 왕실 우주선
화성까지 7천 8백만
화성에서 선친 뵙고
화성으로 초의 환향

물고기

싱싱한
식
물
싱싱한
싱
물
물고
물
고기
싱
싱

한글구체시 사사

   스승
예 스승 님
예 스 승님
예스 승 님
예스 승님
ㅇ 스스 ㅇ
예 스스 님
예스 스님
예 스스님
예 스스로
예   스
     ㅅ

구체시 고구마

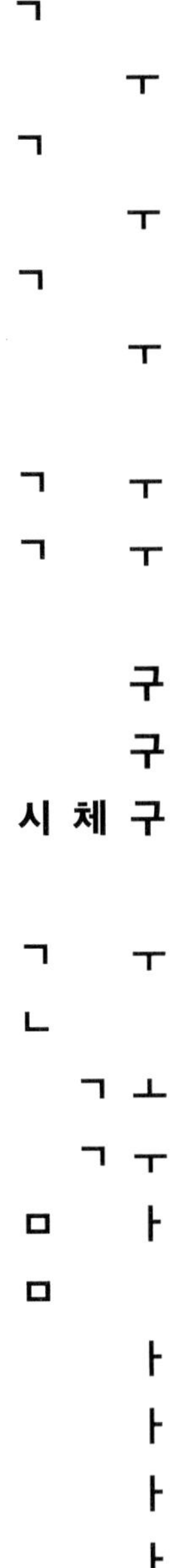

구체시 도서실

부안 청호에 있다
석불산 도서실

서가에 사면 빙 둘러
책이 꽂혀있다 가득
구체시도 걸려있다

경기도에서 전라도까지
책을 보러 내려간다
구체시 작품도 보러간다
한 달에 한두 번

해가 지다 서쪽에서
보기만 해도 좋고
회색 컨테이너 서관

해가 뜨다 동쪽에서
읽으면서 보면 좋다
회색 컨테이너 동관

한 달에 두세 번
해를 보러 내려간다
구체시도 같이 본다

구체시의 창문 또는 고행하는 부처

―유라시아 대륙횡단 5861km, 〈고행하는 부처상〉의 도시, 파키스탄의 라호르에서

ㅑ ㅓ ㅡ ㅏ ㅕ

ㅗ ㅠ ㅣ ㅛ ㅜ

ㄷ ㄱ 　 ㄴ ㄹ

ㅁ ㅂ ㅅ ㅍ ㅎ

ㅈ ㅌ ㅇ ㅋ ㅊ

서동 시집

— 유라시아 대륙횡단 5861km, 이란 이스파한의 이맘광장에서 2002년 여름

갠지스강 강변에 들려오는 승리와 개선의 노래
낮과 밤을 정복하며 성스러운 포도주로 젊은 바커스, 환희의 신
인더스 강에서부터 숱한 민족을 잠에서 불러 일깨우니
낮의 천사인 너!
— 횔덜린, 〈시인 소명〉

서 서 서 서 해
서 서 서 서 동
서 서 　 동 동
서 동 동 동 동
해 동 동 동 동

시와 철학

—44년 한결같이 책과 우정을 쌓아가는 친구에게

맞는 말이니
와 닿지는 않지만
철학
맞는 말도
가 닿지는 않으니

맞는 말이
맞아 떨어지며
감동

너는 다시 감응이고
나는 아직 감동이다

이제는 이름을 잊어버린
이국의 어느 곳
어느 마을도
초행길 낯선 현장
한번 방문으로 이름까지
오래 기억할 수는 없다
아주 멀고 먼
첫사랑이라서
끝내 기억할 수 없다
기약할 수도 없다
어디든 답사
다만 답사이기에
거북이의 땅
또르뚜게로
뚜벅뚜벅 걷는다

뽀아스 화산 아랫마을
커피농장의 나무들 사이
한 잔 커피를 마시다
2010년 12월 30일
결코 다음은
끝내 일부러 다시
찾아오지 않는다 해도

곰링어의 침묵

레하우 소재 구체시 건물
일층에 있는 공립 유치원
이층에 있는 구성 미술관
삼층에 있는 곰링어 창문

창문을 통해 작품이 보인다
창문을 통해 교회가 보인다
창문을 통해 묘지가 보인다
창문을 통해 인적이 보인다

그곳에 누워있는 그의 아내

음의 부활을 꿈꾸는 나의 ㄴ

—슈베르트의 현악사중주 14번 〈죽음과 소녀〉를 위한 한글구체시

죽음
  음

죽음
  음

죽음
  음

죽음
  음

  음
  음악

ㄴ과 ㄱ의 안무를 위한 환상곡

"2021년 12월 18일, 아빠 눈 온다. 구체시 써요!"
'창밖을 보라' 동요풍으로

눈
곡
눈
꼭
꼭곡
뽀드 득
발
눈 발
바람
곡
눈
바람
곡
바람
눈
눈
골
바람
곡
눈
눈꽃
바람

몸과 마음의 □ 미음 24

—베토벤의 합창교향곡을 위한 구체시

A B C D E

F   J

K   O

P   T

U V W X Y

G H I

L   N

Q R S

□ □ □ □ □

□ □ □ □ □

□ □   □ □

□ □ □ □ □

□ □ □ □ □

죽음의 문맥

죽음
죽음을
줄기는
竹 陰
죽음
죽음을
즐기는
줄기
음양의
줄기
줄기의
문맥
문맥의
문
맥박
문맥 밖
竹
음 의문
맥

못난 열쇠

못 하나
못　둘
못　셋

못　넷
못 다섯
못 여섯

몸 둘 곳 찾아
못 찾아
못 아홉

못 하나 더
못　열

　　열쇠
무덤
끝내 열지 못하다

못내 아쉬워
못 하나 쥐고

사랑

리을
미음
비읍
시옷

시가
옷을
벗다

리을
옷을
벗고

시옷
ㅅ ㄹ
리을

문맥 밖의 해설

사진© 최명언

시는 아편이 아니다
붉게 피어 양귀비꽃

박문맥(석불산 호케포스의 정원사, 전 서울대 교수)

1

《한글나라》(시인사, 1988)에서 처음으로 한글구체시를 발표했던 작가, 고원이 그의 전기 구체시 세 권을 일단 매듭짓고, 이제 후기 구체시 가운데《식물성 구체시》(푸른사상, 2021)에 이어 두 번째 작품집을 들고 나왔다. 대칭적으로 각각 25편씩 5부, 모두 125편으로 구성된 구체시 시집이다.

구체시에서 부각하는 것은 작품의 내용과 의미의 작용이라는 2차적, 종합적 결과보다는 언어표현의 최소 매체인 음절과 단어 자체의 자족성이 제시하는 1차적, 즉물적 과정이다. 구체시는 주류 시문학에서 꾀하는 상호소통과 감동의 확산적 효과에 방점을 찍지 않는다. 시문학의 독서에서 통상적으로 일어나는 물 흐르듯이 이어놓는 점입가경의 흥분과 도취는 상대적으로 도식적인 구체시의 형식에서 이미 그 시작부터 무산될 수 있다.

1일 수 맑음

2일 목 맑음

3일 금 맑음

4일 토 맑음

5일 일 구름

6일 월 맑음

7일 화 백로

8월 2일 음력

마음 맑음

대다수의 시인 및 평론가 그리고 독자에게 이것은 시가 아니다. 기껏해야 과제를 제출해야 하는 초등학생이 쓴 일기쓰기 첫 줄에 불과할 것이다. 게다가 일기 본문도 아니고 써놓자마자 본문이 막혀버리는 첫 줄일 것이다. 다만 일상적 자료에 불과하지만, 루틴routine으로서 글쓰기의 시작이라는 미덕은 그나마 어쨌든 확보된 상태일 수도 있다. 문제는 작가가 이것을 구체시라고 발표하는 데 있다. 작가의 주장을 받아들인다면, "이것은 시가 아니다"라고 사람들이 계속 폄하하는 것만이 능사가 아니다. 그래서 "이것은 구체시다"라고 한번 인정한다면, 시가 아닌 구체시, 이것은 이제 과연 또 무엇이 될 수 있는가? 아니, 이것은 결코, 무엇이 될 작가의 표현을 하나 끌어온다면, 이것은 절대로 "아편"이 될 수가 없다.

〈구월 구체시〉가 황폐한 이 한글구체시의 제목이다. 게다가 "우리네 사람의 백살공주님을 신축년 음력 7월 17일에 멀리 떠나보내고"라는 부제까지 같이 보고 생각한다면 맑은 가을 하늘에서 비일상적인 어떤 작은 감동마저 감지할 수 있을 것이다. 이런 것은 건조한 구체시에서 예상할 수 없는 뜻밖의 소득이며 곧 정서적 울림이 된다. 독일병정처럼 건조한 구체시가 한국의 가을 하늘처럼 해맑은 구체시로 바뀌는 계기가 마련되고 있다. 이것은 죽은 어머니의 죽음을 애도하는 시작품이다. 어머니가 죽은 다음 날부터 애도 일기를 쓰기 시작했던 롤랑 바르트Roland Barthes는 "아버지 혹은 어머니의 죽음에 대한 애도는 18개월이 넘으면 안 된다"고 말했다. 그런 그가 《애도 일기*Journal de deuil*》 8일째 기록에서는 이렇게 말하고 있다. "이 기록들 안에 들어 있는 놀라운 어떤 것은 황폐화된 주체, 그러니까 또렷한 정신 상태 때문에 폐허가 되어버린 주체다." 위에 인용한 구체시는 바로 그 황폐화된 주체의 애도 일기다. 노모 사후 8일째부터 "또렷한 정신 상태 때문에 폐허가 되어버린 주체"다. 다른 한편, 우리는 이 시점에서 한번 "폐허가 되어버린 주체"에서 어떤 아편중독자를 함께 떠올려볼 수 있을 것이다. 그는 문학과 예술이라는 아편에 중독되어 폐허가 되어버린 바로 그 주체다.

물 같은 삶의 변화와 생동하는 자연의 움직임을 사랑하는 독자들은 구체시의 황폐한 문자 반복이 실망스러울 것이다. 반복은 루틴의 중요한 속성이다. 9월 가을의 매일이 맑음의 반복이라면 그것은 사실 대단한 축복이다. 일주일 내내 맑은 날씨가 지속되다가도 이 구체시에서처럼 하루 흐림이라면 섭섭한 일이다. 그런데 왜 사람들은 이 반복의 시, 되풀이되는 단어의 구체시에 결코 만족하지 못하는 것인가? 바로 그 "5일 일 구름", 단 하루의 흐림 때문일 수는 없다. 독서에서 더 많은 것을 기대하는 독자의 욕망은 과연 무엇인가? '구월 구체시'라는 제목의 시에서 독자가 기대하는 것은 이 시의 예에서 확인할 수 있듯이 결코 '맑음'이 아니다. 쉽게 알 수 없는 그 질문의 한시적 대답으로서 이 해설의 제목에 언급된 개념 '아편', 독자 편인 아편을 한번 생각해보자.

물론 시에서 아편을 기대하는 독자는 결코 없을 것이다. 시에서 구체시를 기대하는 독자는 별로 없지만 그래도 좀 있는 것과는 다른 일이다. 그렇다면 시집의 '아편'은 무슨 말일까? 혹시 위에서 말한 '흐림'과 관계된 어떤 것인가? 말하자면 가을 하늘이 흐린 것이 아니라, 가을 시집을 찾는 독자의 어떤 흐린 정서 말이다.

2020년에 출판된 한국시인협회 사화집 《꽃》에 장순금 시인의 〈양귀비〉(496쪽)가 있다. 그 2연은 다음과 같다.

> 정성 들여 물을 주며 몰래 가꾸어 허공에 경계를 긋듯
>
> 우리를 앞마당에서만 놀게 하였다

시의 화자에게 과거의 양귀비 꽃밭은 그때나 지금이나 감추어져 있

는 공간이다. 그때도 꽃은 따듯한 햇볕을 받으며 밝게 크고 있었겠지만, 그때도 화자는 꽃밭에서 놀지 못했다. 어머니가 시인이라면 아이는 독자에 해당된다. 독자는 말하자면 시의 그늘에 있던 셈이다. 어머니의 꽃마당이 '맑음'이라면 아이의 앞마당은 상대적으로 '흐림'이다. 뒷마당의 맑음과 앞마당의 흐림은 매우 상징적이다. 어른이 된 시의 화자는 어머니의 자리에서 그때보다도 더 멀리 뒷마당에서 떨어져 있다. 그때와 달리 지금은 시를 쓰며, 뒷마당에서 "정성 들여 물을 주며" 양귀비를 가꾸고 있다. 그런데도 이 시에서 시의 화자는 흐림의 정서를 보여주고 있다.

허공에 앉아 봄을 내다보는 젊은 어머니

모두 13행으로 이루어진 〈양귀비〉의 마지막 시행이다. 게다가 마지막 시행이자 동시에 마지막 1행 시연. 모두 6연으로 시는 완결되어 있다. 1연과 6연은 각각 1행 시연으로서 시인은 시의 앞뒤, 1연과 6연을 서로 이어놓고 있다. 주목할 점은 시적 대상인 어머니와 시의 화자의 시점이 6연에서 겹치고 있다는 사실이다. 화자가 대상의 자리에 슬그머니 앉으며 시가 완결되고 있는 것이다. 특이하게도 1행 시연이 시의 앞과 뒤에 자리 잡고, 화자의 시점과 대상의 시점이 겹치면서, 이 시의 상징적 수는 13에서 12로 바뀌게 된다. 12는 숫자 24의 1/2이다. 이것은 매우 함축적 포석인데, 이렇게 되어 하루 24시간의 시간 단위가 형식의 측면 및 시의 내용과 창작 배경을 드러낼 수 있기 때문이다. 6연의 수 6은 다시 12, 즉 하루 낮 시간의 딱 절반이기도 하다. 수의 상징을 따라 시를 읽다보면, 인생 24시간에서 시의 화자는 시인이 된 정오의 시각을 지나 이제 바야흐로 낮과 밤, 그 경계의 시간 18에 서서, 소녀 6의 꿈을 그리고 있는 존재로 이해할 수 있다. 6연에서 "봄을 내다보는 젊은 어머니"는 "텃밭 뒤꼍에 홍자주빛 양귀비 두어 그루 심어놓"은 과거의 어머니 12이면서, 동시에 정오의 시인으로서 이제 비로소 "허공에 앉아" '18시時'를 쓰는 시의 화자, 양귀비 꽃밭의 시詩를 쓰는 시인 자신이기에, 6연의 시형식 및 '13행의 12행 변용'은 매우 충격적이다. 13이라는 어떤 불길한 상징의 수, 아편의 마약과도 같은 죽음의 수가 "텃밭 뒤꼍"에서 양귀비꽃의 생명력으로 말하자면 부활할 수 있기 때문이다. "황홀한 색으로 마춰된 일년생 꽃이어도 좋다"에 시간과 죽음에 대한 시적 변용, 언어로 실현되는 시적 부활을 꽃의 독자 또한 느낄 수 있을 것이다.

'양귀비꽃'을 소재로 꽃시를 쓴 두 시인 가운데 다른 한 사람, 김광순은 다음과 같이 노래하고 있다.

오늘은 뒷걸음질로 밝게 웃어 보이더니

모두 3연 9행시에서 시인은 이 시행을 대칭적으로, 4행시 1연과 4행시 3연 사이에 정확히 1행 시연으로 시의 가운데, 중앙의 자리에 앉히고 있다. 앞의 시를 쓴 시인은 수동적 독자의 자리에서 능동적 시인의 자리로 이미 오래 발전한 상태임에도, 과거로 뒷걸음질하며 시의 세계를 이루는 시인이 되어 이 시의 화자가 되어서도 끝내 뒤의 시를 쓴 시인이 정교하게 설정한 맑음의 정서에 결코 이르지 못하고 있는 것이다.

2

“시는 아편이 아니다”! 과연 누구에게 향한 것이기에, 저 혼자 엉뚱한 말을 던지고 있는 사람, 그가 던진 말을 한번 받아보자. 수신자는 과연 누구인가? 바로 그 아편을 찾고 있는 사람일 수도 있다. 마약에 익숙해져 더 강렬한 다른 마약을 구하며, 대륙의 오지, ‘히말라야의 숨은’ 길에서 비밀스럽게 아편을 찾는 “진흙 도시”의 범죄자인가? 독일의 문학평론가 발터 베냐민[Walter Benjamin]은 백여 년 전에 이미 마약의 효능에 정통해 있었다. 산업문명 사회에서 빠져나가지 못하는 시민의 정신적 해방을 위한 치료제로서의 마약. 베냐민보다는 한 세대 뒤늦게 문자의 해방을 위한 구체시의 행동하는 지식인, 에른스트 얀들[Ernst Jandl]은 〈도서관[bibliothek]〉에서 예술적 삶의 요긴한 소도구 “먼지털이”로 시문학 세계의 전지적 도취와 허구적 감동의 눅진한 먼지들을 털어내고 있다.

수많은 문자들
단어에서 빠져나오지 못하는 그 문자

수많은 단어들
문장에서 빠져나오지 못하는 그 단어

수많은 문장들
텍스트에서 빠져나오지 못하는 그 문장

수많은 텍스트들

책에서 빠져나오지 못하는 그 텍스트

수많은 책들

그 위에 수북이 먼지

착한 청소부

먼지털이 하나를 들고

시문학의 닫힌 역사의 세계가 도서관에 있다. 베냐민은 파리의 국립 도서관에서 칩거하듯이 옛 자료를 뒤적였으며, 얀들은 먼지털이를 들고 빈의 중앙도서관에서 문자들을 단어로부터 해방시켰다, 착한 청소부로서 그리고 그의 이름처럼 아주 진지하게/ernst!

고등학교의 영어교사로서 낮에는 일하고, 밤에는 진지하게 구체시를 발표한 얀들의 〈도서관〉과 비교해볼 때, 한반도의 구체시인 고원의 '도서실'은 오히려 상식적이며 그만큼 더 진부하다. 한글구체시인은 아직도 청소복이 없다. 그가 서울대 교수였기 때문이다. 먼지털이도 갖추어놓고 있지 못했다. 먼지 털어 먼지 나지 않는 사람 없다는 사회의 속성은 그렇기 때문이다. 부안의 구체시 도서실은 이제 사정이 다르다. 그는 석불예술원의 정원사로 일하며 그곳에서는 청소복도 입고 일한다. 먼지털이로 책의 먼지를 털어내고 있다. 그는 선한 청소부 아저씨로 이제 막 변신하고 있다.

부안 청호에 있다

석불산 도서실

서가에 사면 빙둘러

책이 꽂혀있다 가득

구체시도 걸려있다

경기도에서 전라도까지

책을 보러 내려간다

구체시 작품도 보러간다

한 달에 한두 번

해가 지다 서쪽에서

보기만 해도 좋고

회색 컨테이너 서관

해가 뜨다 동쪽에서

읽으면서 보면 좋다

회색 컨테이너 동관

한 달에 두세 번

해를 보러 내려간다

구체시도 같이 본다

—〈구체시 도서실〉 전문

3

'시는 결코 아편일 수 없다!'라고 외치며, 자신의 경험을 다른 한편에서는 문맥 밖의 비일상적인 구도에서 드러내는 작가, 고원 또한 중남미 아메리카 대륙, 그 마약의 숨은 길에서 '양귀비꽃'을 찾아다녔다. 여행 기록의 일부는 이 시집에 발표되어 있다.

유유니 소금호수의
드넓은 평원이며
광대한 화산지대를 가로질러
코카잎을 씹으면서

안데스 고산 고원으로
가로막힌 칠레와의
국경에서 마지막 씹던
코카잎을 뱉아버리다

통행을 통제하는 곳에
금지된 고산용 생필품

—〈환각 이탈〉 전문

멀리 태평양 바다 건너 코스타리카와 안데스산맥을 넘어 볼리비아에서 그가 찾은 양귀비꽃이 있다.

라파스의 유스호스텔로

낯선 손님을 찾아온 소년

나이는 아홉 살

주일학교 선생 손을 잡고

그가 이 나라의 주인이고

나는 다만 아시아에서 온

중남미 여행객 손님

인디안 혼혈인 소년

볼리비아 주인 소년을 따라

리오 세꼬 비야 윤구요

수도 교외 변두리 마을까지

국교가 가톨릭 구교인 나라

신교의 어린이센터 교실을 찾아가고

삼형제와 엄마 아빠 사는 집도 가고

이름이 아르반 알꼰

연말에 맞이하는 생일에 미리 맞추어

볼리비아 공화국의 주인으로 자라나라

생필품 선물을 주인에게 사서 주고

그가 만든 미술공예 꿀벌을 선물로 받다

드넓은 양귀비 꽃밭에서 날아다니는 일벌

—〈양귀비 꽃밭의 일벌〉 전문

한반도와 광대하게 연결된 아시아 대륙의 오지에서도 물론 그가 찾은 꽃밭은 있다.

나 나 나 나 나

나 나 나 나 나

나 나 ㄹ 나 나

나 나 나 나 나

나 나 나 나 나

—〈리을의 꽃밭 야생화 속의 나〉 전문

4

양귀비꽃, 그것은 베냐민과 같은 시대의 시인 랑게써Elisabeth Langgässer의 시에서 그렇듯이, 멸망한 제국의 옛 로마 성벽에 피어있는 꽃이다. 지구 답사 44년의 기록인 이 시집에서 옛 성벽은 "진흙 도시"로 바뀌고, 그곳 이슬람문화의 숨은 꽃밭에는 진흙 밭의 연꽃처럼 여름 무지개가 펼쳐진다.

검붉은 구름 아래

땅을 흔들며 지진

검붉게 피를 쏟아

짙게 뭉쳐 진흙이다

태양 아래 진흙주검

문득 소나기가 그치며

여름 무지개 하나

진흙 도시 위에 펼쳐지다

—〈진흙 도시, 밤〉 전문

'진흙 밭의 연꽃'을 그림으로 그린다면 물밑 진흙은 드러나지 않고, 물위 꽃과 잎이 그림의 중심이 된다. 생략과 압축으로 구성된 시각적 예술작품이 출현하는 것과는 달리 시문학에서는 진흙과 연꽃이 전지적 시점으로 병치된다. 연꽃으로 상징되는 종교적, 이념적 세계와도 결코 멀리 떨어져 있을 수 없는 일이다.

21세기를 대표하는 예술 장르는 시각예술이다. 기술의 비약적인 발전에 힘입어 전지적 관점을 내세우는 기술시각예술이 주도권을 쥐고 있다. 로마의 무너진 성벽과 지진으로 파괴된 이란의 진흙 도시, 궁핍한 시대의 현장은 도처에 있다. 지진으로 폐허가 된 진흙 도시, 밤[Bam]에는 뜻 모를 음절과 부서진 단어들이 삶의 조각난 형해로 나뒹굴고 있다.

구
구
구
구
구
구
구
구
구
시체

—〈비둘기의 구슬픈 눈〉 전문

이것이 그의 '지구 답사 44년'의 적나라한 기록이라면 매우 비관적이다. 이런 우울한 진단이 떨어지는 곳에서 구체시의 죽음까지는 결코 먼 길이 아니다. 비록 그것이 "행복한 자살"이라 할지라도, 그래서 더욱 그렇다.

목 목 목 목 목 **목 목 목 목 목**
목 **숨 숨 숨** 목 **목 목** 몸 **목 목**
목 **숨** **숨** 목 **목** 몸 몸 **목**
목 **숨 숨 숨** 목 **목 목** 몸 **목 목**
목 목 목 목 목 **목 목 목 목 목**

—〈구체시의 행복한 자살〉 전문

무너진 성벽에 피어있는 양귀비꽃, 뜻 없는 음절과 부서진 단어들이 조각난 형해로 나뒹굴고 있는 현장, 그곳에 구체시의 문제의식이 있다. 닫힌 사회와의 미결의 결별. 굳건하게 복원된 과거의 성벽은 한글 창제의 빛나는 역사를 무색하게 퇴색시킨다. 1846년에 김대건 신부가 순교하며 머지않아 사라진 왕조. 죽인 죄수의 목을 베어서 군문 앞에 매어다는 군문효수의 형벌을 받아 그는 죽었다. "그들은 이제 하늘과 땅을 갈라놓으려 합니다. 이윽고 내리치는 칼날이 한 번 그리고 돌고, 두 번 그리고 돌고, 그렇게 여덟 번."

태 **정** **태** **세** **문**
인 효 현 숙 **단**
광 헌 ㅊㄱㅅ 경 **세**
선 순 정 영 **예**
명 **인** **중** **연** **성**

—〈홍망성쇠〉 전문

쇠락한 경복궁을 애써 중건하며 쇠망한 나라. 백두대간이 산하의 허리에서 끊긴 한반도 땅에 민주공화국이 자리 잡았다. 한글 새 나라로 발전하는, 반듯한 이 나라의 빛은 이윽고 누리에 밝게 퍼질 것이다.

태	**정**	**태**	**세**	**문**	
인	의		계	**단**	
광	명			**세**	
선	언			**예**	**술**
명	**인**	**중**	**연**	**성**	

—〈정의광명 예술세계의 선언〉 전문

5

이제는 이름을 잊어버린

이국의 어느 곳

어느 마을도

초행길 낯선 현장

한번 방문으로 이름까지

오래 기억할 수는 없다

아주 멀고 먼

첫사랑이라서

끝내 기억할 수 없다

기약할 수도 없다

어디든 답사

다만 답사이기에

거북이의 땅

또르뚜게로

뚜벅뚜벅 걷는다

뽀아스 화산 아랫마을

커피농장의 나무들 사이

한 잔 커피를 마시다

2010년 12월 30일

결코 다음은

끝내 일부러 다시

찾아오지 않는다 해도

—〈코스타리카의 화산 커피〉 전문

매혹적이지만 사람을 제자리로 결코 다시 되돌려놓지 않는 지독한 아편 대신에 코스타리카에서 화산 커피를 한 입 또 두 입 가득 마신다거나 볼리비아에서 고산지대의 코카 잎을 한 잎 또 한 잎 질겅질겅 씹는 일상은 얼마나 평화로운가! 게다가 그곳은 마약의 지뢰밭이 도처에 흩어져있는 곳이다. 아편 등 달콤한 마약의 위험이 도사리고 있는 곳에서 마시는 한 잔의 씁쓸한 커피가 시문학이다.

시문학의 도서관은 도처에 있다. 얀들의 〈도서관〉도 그 가운데 하나다. 얀들과 동시대인이었던 독자에게는 그곳이 그래도 가장 가까운 도서관이다. 우리 동네의 도서관이다. 구체시의 도서실도 있다. 시문학의 도서관과 달리 구체시의 도서실은 한 곳에만 있다. 독일에서는 레하우,

한국에서는 부안 청호 석불산 입구에 있다. 시문학의 도서관에는 대다수 시인이 머물며 독서하고, 구체시 도서실에는 문자의 청소부 시인이 일하고 있다. 전승된 문자가 악어의 이빨이라고 한다면 구체시 시인은 악어의 이빨 청소부인 악어새가 된다. 악어의 이빨을 청소하고, 물 위로 하늘에서 날며 자유를 구가하는 새, 낭만을 즐기는 새다.

《악의 꽃》이 있는 곳에는 양귀비꽃이 있고 아편도 있다. "예술에 의해 솜씨 좋게 표현된 끔찍한 것이 미가 되고, 리듬과 박자에 맞추어진 고통이 마음을 조용한 희열로 채우는 것은 예술의 경탄할 만한 특권 중의 하나이다." 그러나 이곳에서 시는 이제 아편이 아니다. 몸과 마음, 그 깊은 곳까지 이미 황폐하게 되었으면서도 그 황폐함을 부정하는 황폐화된 주체를 위한 아편은 이제 없다. 시는 아픈 영혼을 치유하는 당의정糖衣錠, 달콤한 아편이 아니다. 시는 아플 때 아편처럼 만병에 유용한 만병통치약도 아니다. 시는 아편처럼 전쟁을 불러일으키는 촉매제가 될 수도 없다.

시는 어차피 시다

슬픈 구체시

삶이 어차피 시다

어둠 속 차안의 피

구체시의 주검

그래도 나는 시다

어차피

어느 차가운 피안에서

—〈시는 아편이 아니다〉 전문

"시는 아편이 아니다". 그래도 양귀비는 하늘거리며 맑게 피어있다. 그래서 "뒷걸음질로"나마 "밝게 웃어 보이"며 침묵할 수 있다. 아름답지만 동시에 황폐한 세상에서 아편이 인간의 몸과 마음을 결국에는 남김없이 황폐하게 만든다는 사실을 알면서도, 끝내 전지적 시점을 거부하는 것이 양귀비꽃이다. 맑게 가볍게 바람결에 나타났다가 이윽고 사라진다.

고산에는 화산이 있고 활화산과 휴화산 언저리 그 산 밑에서는 커피나무가 자라고 있듯이, 그리고 애써 걸어서 그곳까지 찾아간 사람 앞에는 한 잔의 쓴 커피가 마련될 것이다. 문학과 허구의 신화라는 이름의 화산, 그 아랫마을에서 햇볕을 즐기며 한 잔 커피를 마실 뿐이다. 전지적 시점의 문학과 유쾌하게 결별하는 도전의 길목에 한글구체시가 있다. 숨은 길의 이정표로서, 그럴 수 있을 뿐이다. 마치 킬리만자로 트레킹의 마지막 길목에 세워진 고독한 마지막 고산 이정표처럼.

빛에 근접하며
탄자니아의 메마른 입술
자이언트 그라운드셀은
소나기 내린 열대우림을 떠나고

고산 입수리의 행진이기에
침묵처럼 우뚝
솟구치는 독수리도

세네시오 킬리만자리

적도의 심야
심장이 타오르게
파고드는 별빛 길 5685m
길만 포인트를 지나면

만년설의 빙하에서
살갗이 트고 찢어지며
세네시오 킬리만자리
태양의 자리까지 기꺼이 가다

검붉게 그곳
꽃의 침묵
ㅊ
꽃이 되다

—〈세네시오 킬리만자리〉 전문

그곳에는 아직 만년설의 빙하, 얼음 꽃이 남아있다.
마치 "로마의 성벽에 양귀비꽃
영겁에서 찾아드는 꿈결"처럼
Mohn an der römischen Mauer,
Träume von Ewigkeit her!
(Elisabeth Langgässer, 〈같은 시간에 Gleichzeigtig〉)

세네시오 킬리만자리

초판 1쇄 발행 | 2022년 6월 9일

지은이 | 고원
펴낸이 | 고원
펴낸곳 | 이응과 리을
디자인 | 정하연
출판등록 | 제210-91-27749호
주소 | 01052 서울시 강북구 도봉로 99길 72-3
전화 | 010-9267-2218, 010-3944-2542

ⓒ고원, 2022
ISBN 978-89-955763-5-9 03810

이 책은 경기도, 경기문화재단의 지원을 받아 발간되었습니다.

* 이 책의 내용의 전부 또는 일부를 재사용하려면
반드시 지은이와 출판사 양측의 동의를 받아야 합니다.
* 책값은 뒤표지에 표시되어 있습니다.